AF332746

DISCOURS

PRONONCÉ AUX OBSÈQUES

DE

CHARLES-ANDRÉ-JOSEPH PARAVEY

ANCIEN CONSEILLER D'ÉTAT

OFFICIER DE LA LÉGION D HONNEUR

(20 Octobre 1877).

Un long âge est une faveur qu'il faut payer cher. Le vieillard est condamné à mener le deuil de ses amis, de ses amis le plus tendrement chéris, puisqu'une longue vie a prolongé l'épreuve de leurs belles qualités. Depuis plus de soixante ans, dès les premières classes du collége, avait commencé entre Paravey et moi une amitié qui a été ici-bas un de mes plus grands bonheurs.

Charles-André-Joseph Paravey naquit à Coblentz, alors chef-lieu du département de Rhin-et-Moselle, le 22 mars 1801. Son père était de Gray. Au sortir de la rhétorique, il était parti comme volontaire dans le premier bataillon de la Haute-Saône, et avait fait les quatre premières campagnes de la guerre de la Révolution; il était adjoint aux adjudants généraux, et sous les ordres immédiats du général Desaix. Après la paix, il quitta le service militaire. Etabli à Coblentz en 1799, il s'y livra au commerce et aux entreprises de travaux publics. Le plus considérable qu'il ait exécuté est la route de Coblentz à Mayence qui longe le Rhin, ouvrage immense, qui présentait de très-sérieuses difficultés. En 1807, il vint résider à Mayence, où il exécuta plusieurs autres travaux publics d'une importance capitale. Il avait acquis dans cette ville une grande considération, et, en 1813, il fut nommé commandant de la garde nationale. Après la chute de l'Empire, il amena sa famille à Paris, où il fonda une maison de banque. Déjà, depuis cinq ans, Charles Paravey était élève à Sainte-Barbe, et suivait les cours du lycée impérial (Louis le-Grand). De 1811 à 1818 il parcourut d'une manière brillante la carrière des études. Il était la gloire de Sainte-Barbe et de Louis-le-Grand, qui l'opposaient avec orgueil aux nobles rivaux de Henri IV et de Charlemagne. Les fastes universitaires attestent l'éclat et la constance de ses succès. Il tenait parmi ses camarades ce haut rang que relève leur naturelle déférence.

Au sortir du collége, il suivit les cours de l'Ecole de droit, où il fit de très-sérieuses études. En même temps il se livrait avec un goût tout particulier à la philosophie. Précisément à cette époque, Victor Cousin, l'élève et le continuateur de Royer-Collard, commençait à la Sorbonne des cours qui établirent rapidement sa réputation. Ces cours passionnaient la jeunesse. Je me rappelle que, dans la belle saison, on voyait au Luxembourg des bandes de jeunes philosophes qui commentaient vivement les leçons du maître. Il y avait là bien des noms qui sont devenus célèbres. Paravey, qui avait aux yeux du professeur le mérite d'avoir déjà introduit sa doctrine dans la classe de philosophie de Louis-le-Grand, devint son disciple favori : je parle de la première génération de ses disciples.

Alors les idées libérales, une grande nouveauté pour les enfants de l'Empire, fermentaient dans les têtes de la jeunesse. Elle suivait avec un vif intérêt les discussions des Chambres ; la presse fit beaucoup de nouvelles et utiles recrues. Le règne de Charles X fut un point d'arrêt dans le développement de nos institutions. Quand les tendances du pouvoir devinrent plus menaçantes, des hommes appartenant à l'une des deux Chambres réunirent des publicistes, des légistes, des littérateurs, pour fonder une société de propagande constitutionnelle, la Société *Aide-toi, le ciel t'aidera,* qui contribua beaucoup à l'éducation politique de cette époque. Les Guizot, les Victor de Broglie en étaient les chefs. Paravey, comme la plupart de ses amis, en faisait partie. Plusieurs réunions, pour organiser cette Société et dresser le programme de ses travaux, furent tenues dans les salons de son père. Des amis anciens et éprouvés de la légitimité, tels que Royer-Collard et Chateaubriand, avaient vu les mêmes dangers, et s'étaient crus obligés de descendre dans la même lice.

Après la révolution de juillet, Paravey, longuement préparé par ses études, put entrer dans la carrière administrative. L'Algérie, cette glorieuse conquête de la Restauration, n'était pas organisée. Il fut proposé au maréchal Soult, ministre de la guerre, qui jugea, après mûr examen, qu'il trouverait en lui un aide selon ses vues, c'est-à-dire capable et laborieux. Paravey fut nommé directeur du Bureau d'Alger. Il remplit pendant plusieurs années ces fonctions avec autant d'ardeur que d'intelligence. Il les quitta, à son grand regret, lorsque le ministère fut changé. Déjà auditeur au Conseil d'État, il fut nommé maître des requêtes.

En 1834 eut lieu l'événement capital de sa vie. Un homme d'affaires opulent, qui avait su l'apprécier avec un tact assez rare, lui donna la main de sa fille, c'est-à-dire d'une femme dont l'intelligence égalait l'affection et le dévouement. Cette union lui apporta pendant près de quarante années une félicité qui malheureusement fut troublée par la perte de plusieurs enfants. En 1848, les fortunes furent ébranlées, les grandes fortunes plus que les autres. Le gendre reconnaissant eut la joie de trouver dans cette terrible crise des ressources obtenues exceptionnellement par la grande estime dont il jouissait.

Lors de la révolution de février, Paravey était conseiller d'État. Il regardait ces fonctions comme la couronne de sa vie. Il était considéré par ses anciens, accueilli même par Cuvier. Il s'acquittait envers ses maîtres par une haute estime, une grande déférence. Jamais homme ne reconnut avec plus de modestie la supériorité. Peu de temps après, l'Empire vint briser sa carrière. Quoiqu'il figurât, sans avoir été consulté, sur la nouvelle liste du Conseil d'État, il ne crut pas pouvoir accepter une pareille distinction, et il conserva un souvenir fidèle aux exilés qu'il avait servis. Son aptitude reconnue lui fit trouver une belle position dans l'industrie.

Après cette époque, il paya de douloureux tributs à la condition humaine. En 1868 il perdit son frère puîné, un frère chéri, dont plus que tout autre j'ai pu apprécier les

solides et les aimables qualités. Un malheur plus grand
encore vint le frapper en 1871 : il perdit cette épouse bien-
aimée, qui pendant près de quarante ans avait partagé ses
joies et ses peines, une épouse d'un jugement si sûr, que
dans les affaires graves il ne se passait jamais de ses conseils. Cette perte cruelle lui laissa au cœur une blessure
toujours saignante.

Mais le ciel lui réservait une grande consolation ! Peu de
temps après, il maria sa fille à un homme qui s'était déjà
fait un nom dans la science médicale, et dans lequel il
trouvait ces qualités du cœur qu'il appréciait par-dessus
tout. Ce n'était pas seulement un gendre qu'il trouva, mais
le fils le plus affectueux et le plus dévoué. L'éloge de ce fils
était le sujet favori de ses épanchements intimes.

Paravey aimait, par une touchante tradition, la vie de
famille. A mesure qu'il avançait en âge, il devenait un
centre où tout son monde aboutissait. Conseils, démarches,
générosités, il se donnait à chacun suivant le besoin. Aussi
quel trésor d'affection lui rapportait une assistance si précieuse ! Et ces services empressés n'étaient pas seulement à
la disposition des siens. Toute position intéressante obtenait
son appui. La maison de Sainte-Barbe, fort éprouvée par
la révolution de 1830, ne dut son salut qu'au concours de
ses enfants. Une société d'anciens élèves fut formée; un
capital important fut réuni, et le vieux collège de Sainte-
Barbe, âgé de quatre siècles, put continuer avec dignité sa
longue existence. Paravey fut un de ceux qui contribuèrent
le plus à cette œuvre de piété filiale. Il n'a jamais compté ce
qu'il y a consacré de sa bourse et de son temps. L'adminis-
tration de Sainte-Barbe conserve comme un de ses plus

chers souvenirs la coopération de Charles Paravey aux mesures qui ont sauvé cet établissement de la ruine, et elle m'a chargé de consigner ici le témoignage de sa profonde reconnaissance.

La modération fut une de ses qualités saillantes. La politique provoquait bien des conversations animées, trop souvent violentes. Malgré de fermes convictions, il ne sortait jamais de la mesure. Et dans le monde, s'il trouvait quelque action blâmable, jamais son blâme n'avait rien d'acerbe. Dans les causeries de salons, son esprit n'était pas tourné à décocher un trait malin. En un mot, il était bienveillant. Faut-il ajouter qu'il portait au plus haut point la loyauté, la droiture, l'équité? Il était un modèle de vertu dans toutes les acceptions du mot.

La Providence lui imposa de grands devoirs : il les accomplit avec simplicité, avec un courage invincible, mais non pas sans fatigue. Outre ses occupations régulières, il eut à faire de longues liquidations, à donner ses conseils et ses soins à des partages de familles, à rédiger des rapports dans des affaires où il n'était qu'un seul des intéressés. Ainsi se dépensaient les instants d'une vie précieuse. Cette dure nécessité l'affligeait, mais il ne cherchait pas à alléger sa tâche.

Paravey aimait les lettres et les arts avec passion. Il déplorait souvent que les affaires ne lui laissassent pas de temps pour cette douce diversion. Il regrettait surtout l'interdiction presque entière des lettres anciennes. Horace seul faisait exception : de même qu'Alexandre voulait trouver toujours les œuvres d'Homère sous son chevet, Paravey avait toujours son Horace dans sa poche. La peinture et la sculpture lui présentaient des plaisirs plus faciles. L'amour sincère des arts conduit à l'amour des artistes. Des maîtres illustres de notre temps, Ingres, Delacroix, Hippolyte Flandrin, Amaury Duval, trouvaient dans Paravey un de ces amateurs éclairés, parfois enthousiastes, dont le jugement leur apporte la plus douce récompense. Il aimait aussi les antiquités ; il avait tous les catalogues, et, quand il le pouvait, il assistait aux ventes. La collection qu'il avait formée renferme des vases et des monnaies bien enviés par des collectionneurs, quelquefois des rivaux malheureux. Pauvre ami, qui n'a pas eu le loisir de classer et d'installer ses vases et ses bronzes, afin d'en jouir et d'en faire jouir les autres !

Il n'est pas de vie plus remplie par le travail, mais plus stérile pour la postérité. Paravey ne laisse pas un livre, pas une brochure qui puisse rappeler son nom. Ce m'est un amer regret qu'un esprit aussi distingué n'ait pas laissé sa trace, comme l'ont fait ceux de son temps et de sa société qui ont marqué dans leur carrière, tels que Montalivet, Duchâtel, Duvergier de Hauranne, Charles Rémusat, Paul Dubois, Jouffroy, Saint-Marc Girardin, Littré, Eugène Burnouf, Vitet, Ampère, et d'autres encore. Il sentait qu'il aurait pu, lui aussi, transmettre quelque chose à l'histoire, sans les soins impérieux qui l'ont absorbé.

Charles Paravey a succombé à une longue maladie, le 17 octobre, à l'âge de soixante-seize ans. Jusqu'alors il avait conservé presque entières ses belles facultés. Il s'est éteint peu à peu ; malgré son affaissement physique, son cœur tendre se révélait encore. Il prévoyait sa fin ; il y était préparé. C'est la gloire de Victor Cousin d'avoir prêché dans sa chaire la doctrine spiritualiste, et de l'avoir imposée par son éloquence. Soutenue par plusieurs de ses brillants élèves, elle a produit des ouvrages remarquables. Sur ce point Charles Paravey ne pouvait être que le fidèle disciple de son maître. Mais quand il fut arrivé à l'âge mûr, cette solution de la philosophie antique ne lui suffit plus. Il désira un point d'appui plus solide, une sanction supérieure. Il trouva dans la religion catholique ce complément qu'il cherchait. Il partagea la foi d'une tendre épouse, et cette foi, le réunissant plus intimement encore à sa famille, lui procura le repos d'esprit sur la terre, et rendit moins pénible pour lui et pour les siens le moment de la séparation.

Adieu, ami bien cher de mon adolescence, de ma jeunesse, de ma vieillesse! Pour dernière parole, je dépose sur ta tombe un témoignage qui n'étonnera aucun de ceux qui m'écoutent : Je n'ai jamais connu un homme meilleur!

L. QUICHERAT,

Membre de l'Institut,

Officier de la Légion d'honneur.

Paris. — Typ. PILLET et DUMOULIN, 5, rue des Grands-Augustins.